Inhaltsverzeichnis

Fördermappe 5: S-Laute

Liebe Lehrer, liebe Eltern!

Mit unseren Fördermappen möchten wir Sie dabei unterstützen, die Gehversuche Ihrer Kinder auf dem Weg zur Schrift kompetent und erfolgreich zu begleiten. Dabei sind „Fördern“ und „Fordern“ auf dem Gebiet von Bildung und Lernen die beiden Seiten ein und derselben Medaille. Das Fördermaterial kann also nie gut genug sein, für schwächere Kinder ebenso wie für diejenigen, die sich nun einmal etwas leichter tun. Die vorliegenden Fördermappen stellen Ihnen die Quintessenz unserer Erfahrungen kompakt und leicht vermittelbar zugleich zur Verfügung. Damit können Sie Kindern effektiv, prägnant und unterhaltsam das ABC der Rechtschreibung vermitteln.

Der Erfolg der Lernserver-Didaktik beruht maßgeblich darauf, dass wir versuchen, die Kinder möglichst ernst zu nehmen, d.h. sie anzuregen, ihren Verstand zu gebrauchen. Natürlich sind Üben und Auswendiglernen unverzichtbar; erst aber das Verstehen und Durchschauen der wichtigsten Prinzipien ermöglicht den souveränen Umgang mit der eigenen Sprache. Es ist deshalb bereits viel gewonnen, wenn es Ihnen gelingt, im Gespräch mit den Kindern die einzelnen Abschnitte samt den jeweiligen orthographischen Prinzipien gemeinsam zu erarbeiten. Wichtig wäre also, den verbreiteten Hang der Kinder zum möglichst raschen „Abarbeiten“ der einzelnen Aufgaben und Arbeitsblätter zu durchbrechen. Sie sollen tunlichst verstehen und ein Gespür dafür bekommen (wollen), worum es beim betreffenden Lernschritt geht, anstatt ihn lediglich abzuhaken.

Übrigens ist es letztlich auch sehr viel effektiver, die durchaus überschaubaren Grundregeln zu studieren und sie sich samt den unvermeidlichen Ausnahmen zu Gemüte zu führen, als begriffslos Tausende von Wörtern pauken zu müssen. Ein selbstständiges Nutzen von Sprache oder gar das kreative Spielen mit ihr lässt sich jedenfalls nicht über das Ausreizen von Gedächtnisleistungen und Merkfähigkeiten erzwingen. Und die meisten Kinder würden dabei wieder einmal durcheinander kommen und letztlich auf der Strecke bleiben, sind sich doch die Schriftbilder viel zu ähnlich und erscheinen willkürlich, wenn ihr Sinn nicht gewusst wird: Zimmer, Zimer, Zihmer oder Ziehmer? Wohnung, Wonung, Woonung oder Wonnung? Umgekehrt lassen sich dann aber selbst unbekannte Wörter erschließen und konstruieren.

Die Fördermappen unterteilen sich in

a) das eigentliche Fördermaterial,
b) eine kleine Regelkunde für Kinder,
c) Hinweise für Lehrer und Eltern und
d) Lösungen zu den Arbeitsblättern.

a) Die **Fördermaterialien**
umfassen vor allem Arbeitsblätter, die sich jeweils einem kleinen Lernschritt widmen. Geordnet und nummeriert nach Schwierigkeitsgrad, bauen sie aufeinander auf und werden ergänzt durch passende Übungs- und Spielanregungen (zum Teil auch zum Selberbasteln). Sofern sichergestellt ist, dass die Kinder die betreffende Aufgabenstellung verstanden haben, können die meisten Arbeitsblätter durchaus auch von ihnen allein bewältigt werden.

b) Die **Regelkunde für Kinder**
fasst in einfachen Worten knapp und bündig das Gelernte zusammen. Sie dient so zum Nachschlagen und Wiederholen.

c) Die **Hinweise für Lehrer und Eltern**
stellen in kompakter Form das für den betreffenden Themenbereich erforderliche Grundlagen-Wissen zusammen. Vertiefende Erklärungen, didaktische und methodische Hinweise sowie weitere Spiele und einschlägige Wortlisten helfen dabei, das eigene Wissen aufzufrischen und sich schnell und komprimiert auf die Förderung vorzubereiten.

d) Die **Lösungen zu den Arbeitsblättern**
finden sich am Schluss der Fördermappen. Sie können auch zur Selbst- oder Partnerkontrolle eingesetzt werden. Auch enthalten sie immer wieder wichtige Hinweise, die sich auf das betreffende Aufgabenblatt beziehen.

Der Erfolg Ihrer Bemühungen wird umso größer sein, je mehr es Ihnen möglich ist, die Förderung des Kindes bzw. der Schüler zu einer gemeinsamen Sache werden zu lassen. Zumindest sollte eine Lehrkraft oder ein Elternteil begleitend zur Seite stehen und bei Fragen Hilfestellung geben können, damit Anweisungen oder Erklärungen verstanden werden und sich nicht Irrtümer festsetzen.

Bitte beachten Sie:
Damit die Themenbereiche „Dopplung“ (Fördermappe 4), „S-Laute“ (Fördermappe 5) und „Dehnung“ (Fördermappe 6) erfolgreich erarbeitet werden können, sollte unbedingt vorher das Thema „Betonung“ durchgenommen worden sein.

Wir wünschen nun Ihnen, Ihren Kindern und Schülern viel Freude beim gemeinsamen Erobern der Sprache und ihrer einzelnen Feinheiten.

Petra Schönweiss
Prof. Dr. Friedrich Schönweiss und Team

Liebe Kinder,

in diese Fördermappe haben wir eine ganze Menge zu den Wörtern mit einem S-Laut hineingepackt. Hier findet ihr eigentlich alles, was ihr braucht, um zu wissen, wann „s“, „ss“ oder wann „ß“ geschrieben werden muss.
Dafür gibt es nämlich fast immer eine ganze Reihe von guten Gründen. Wenn man diese aber nicht kennt, kann man entweder nur raten oder muss versuchen, die Wörter auswendig zu lernen. Beides ist nicht gerade sonderlich schlau.

Zusammen mit unserem Zauberlehrling Abermakaber und seinem Freund Hokus wollen wir euch dabei helfen, die Sache mit den s-Lauten immer besser zu verstehen und sicher anzuwenden.
Bald könnt ihr euch selbst oder anderen erklären, warum „Fuß“, „Mus“, und „Kuss“ so und nicht anders geschrieben werden.
Wichtig ist aber, dass ihr zuvor die Fördermappe „Betonung“ durchgearbeitet habt!

Am besten ist, es helfen euch euere Lehrer oder Eltern dabei.

Vielleicht fallen euch noch andere, bessere Erklärungen ein als uns und Abermakaber. Dann wäre es sehr schön, wenn ihr uns diese zusendet, damit wir sie den anderen Kindern zeigen können.

Überhaupt würden wir uns sehr freuen, wenn ihr uns ab und zu etwas von euch schickt, z.B. ausgedachte Geschichten oder Abenteuer, die ihr wirklich erlebt habt, oder euere Lieblingswitze.

Wir wünschen euch viel Erfolg beim Üben und Verstehen der Rechtschreibung!

Viele Grüße,
euer Lernserver-Team

lernserver

Individuelle Förderung

S-Laute

Übungen zu den S-Lauten

Verwechslung s – ß, Hörübungen

Name: ....

Datum: ....

Hörübungen:

Die Lehrkraft liest die Wortpaare mit deutlicher Artikulation des „s" und „ß" vor (eventuell vorher einmal selber üben!). Das Kind muss heraushören, welches Wort mit „s" und welches mit „ß" geschrieben wird:

bei**ß**en	rei**s**en
So**ß**e	Ho**s**e
Va**s**e	Stra**ß**e
schie**ß**en	nie**s**en
Dü**s**e	Fü**ß**e
hei**ß**en	lei**s**e
Mäu**s**e	Sträu**ß**e

Nun werden einzelne Wörter vorgelesen. Das Kind muss hören, ob ein „s" oder „ß" darin vorkommt.

Ha**s**e
Läu**s**e
schlie**ß**en
Krei**s**e
drei**ß**ig
Häu**s**er
grü**ß**en
sto**ß**en
sau**s**en
drau**ß**en
flie**ß**en

Hörübungen zur Unterscheidung von „s" und „ß" sollten immer einmal wieder eingeflochten werden, auch wenn das Thema eigentlich schon beendet ist.
Hat das Kind dabei große Schwierigkeiten, ist wahrscheinlich die Arbeit mit Wortlisten sinnvoller.

Verwechslung s – ß, Lückenwörter mit „s“

Name: ....

Datum: ....

1. **Setze in die folgenden Wörter jeweils ein „s“ ein.**
2. **Sprich dir die Wörter laut vor und versuche, das „s“ summend wie bei einer Fliege zu sprechen.**
3. **Lege dabei den Zeigefinger auf deinen Kehlkopf.**
   Wenn du das „s“ richtig summst, spürst du ein leichtes Zittern (Vibrieren).

lei___e

bö___e

ra___en

die Wie___e

der Ha___e

Welche Wörter sind Wortverwandte? Verbinde sie mit einem Pfeil.

Döschen	Raserei
Besen	Nase
hochnäsig	Dose
rosig	Besenstiel
rasen	Gemüsesuppe
Gemüse	Rose

Verwechslung s – ß, Lückenwörter mit „ß“

Name: ....

Datum: ....

Setze nun in die folgenden Wörter „ß“ ein.
Sprich dir die Wörter laut vor und achte dabei auf ein zischendes „sssss“ wie bei einer Schlange.
Wenn du jetzt den Zeigefinger auf deinen Kehlkopf legst, spürst du <u>kein</u> Zittern!

bei___en

sto___en

flie___en

die Stra___e

die Fü___e

gie___en

wir hei___en Müller

grö___er

drau___en

Abermakaber stellt eine Frage für Schnelldenker:

Welchen Buchstaben im Alphabet gibt es **<u>nur</u>** als **<u>kleinen</u>** Buchstaben?
Antwort: ________

Weißt du warum?
Antwort: ____

____

Verwechslung s – ß, Wörter verbinden

Name: ....

Datum: ....

Verbinde die „ß“-Wörter, die zusammengehören.

Spaß	heißen
weiß	stoßen
Stoß	Füße
du heißt	Späße
Fuß	Süßigkeiten
süß	weißer

Achtung, hier kommen auch „s“-Wörter vor!

Gießkanne	Bösewicht
böse	grüßen
Beißring	Gläser
lesen	beißen
es fließt	Lesebuch
Glas	fließen
käsig	gießen
Gruß	Käse

Verwechslung s – ß, „ß“-Wörter im Quartett

Name: ....

Datum: ....

Mit dem Quartettspiel kannst du die „ß“-Wörter üben und auch noch Spaß an der Sache haben:

1. Klebe die Karten auf festes Papier oder Karton und schneide sie sorgfältig aus.

2. Suche dir mindestens noch zwei Mitspieler. Mische die Karten gut und verteile sie gleichmäßig an alle Spieler.

3. Das Kind mit den längsten Haaren darf anfangen.

4. Es fragt der Reihe nach alle anderen Spieler nach einer Karte, die ihm noch zu einem vollständigen Quartett fehlt.

5. Wenn der, den es gefragt hat, die Karte hat, muss er sie abgeben.

6. Hat er sie nicht, kommt er selbst mit Fragen dran.

7. Wenn jemand vier gleiche Quartettkarten beisammen hat, legt er sie vor sich auf den Tisch.

8. Sieger ist, wer am Schluss die meisten Quartette hat.

Die Karten für das Quartettspiel findest du auf den nächsten Seiten.

Übungen zu den S-Lauten
Übung 5 (2)

Verwechslung s – ß, „ß“-Wörter im Quartett

Name: ....

Datum: ....

Quartett 1a	**Quartett 1b**	**Quartett 1c**	**Quartett 1d**
a) außen b) draußen c) außerdem d) äußern	a) außen b) draußen c) außerdem d) äußern	a) außen b) draußen c) außerdem d) äußern	a) außen b) draußen c) außerdem d) äußern
Quartett 2a	**Quartett 2b**	**Quartett 2c**	**Quartett 2d**
a) gießen b) fließen c) schießen d) schließen	a) gießen b) fließen c) schießen d) schließen	a) gießen b) fließen c) schießen d) schließen	a) gießen b) fließen c) schießen d) schließen

Quartett 3a	**Quartett 3b**	**Quartett 3c**	**Quartett 3d**
a) Fuß b) Spaß c) Kloß d) Schoß	a) Fuß b) Spaß c) Kloß d) Schoß	a) Fuß b) Spaß c) Kloß d) Schoß	a) Fuß b) Spaß c) Kloß d) Schoß
Quartett 4a	**Quartett 4b**	**Quartett 4c**	**Quartett 4d**
a) stoßen b) heißen c) beißen d) reißen	a) stoßen b) heißen c) beißen d) reißen	a) stoßen b) heißen c) beißen d) reißen	a) stoßen b) heißen c) beißen d) reißen

Verwechslung s – ß, „ß“-Wörter im Quartett

Name: ....

Datum: ....

Quartett 5a	Quartett 5b	Quartett 5c	Quartett 5d
a) süß b) weiß c) heiß d) groß	a) süß b) weiß c) heiß d) groß	a) süß b) weiß c) heiß d) groß	a) süß b) weiß c) heiß d) groß
Quartett 6a	**Quartett 6b**	**Quartett 6c**	**Quartett 6d**
a) Straße b) Soße c) Klöße d) Grüße	a) Straße b) Soße c) Klöße d) Grüße	a) Straße b) Soße c) Klöße d) Grüße	a) Straße b) Soße c) Klöße d) Grüße

Quartett 7a	Quartett 7b	Quartett 7c	Quartett 7d
a) dreißig b) dreißigmal c) spaßig d) spaßen	a) dreißig b) dreißigmal c) spaßig d) spaßen	a) dreißig b) dreißigmal c) spaßig d) spaßen	a) dreißig b) dreißigmal c) spaßig d) spaßen
Quartett 8a	**Quartett 8b**	**Quartett 8c**	**Quartett 8d**
a) Fleiß b) fleißig c) Fleißarbeit d) fleißiges Lieschen	a) Fleiß b) fleißig c) Fleißarbeit d) fleißiges Lieschen	a) Fleiß b) fleißig c) Fleißarbeit d) fleißiges Lieschen	a) Fleiß b) fleißig c) Fleißarbeit d) fleißiges Lieschen

Verwechslung s – ß, Rätsel: „s“ oder „ß“?

Name: ....

Datum: ....

Höre genau zu:
Muss ein summendes „s“ oder ein zischendes „ß“ in die Lücken?

	s	**ß**
die Mäu___e	G	A
au___en	N	O
gie___en	T	L
le___en	D	B
die Spä___e	E	H
die Grä___er	A	P
schlie___en	D	M
flei___ig	A	S
das Ei___en	T	W
die Klö___e	O	E
die Na___e	R	L

Gehe der Reihe nach vor: Umringele den Buchstaben der richtigen Spalte und trage ihn in die Lösungskästchen ein. Verfahre so auch mit den anderen Wörtern. Heraus kommt ein Tier, das vor allem dann wach ist, wenn du schläfst.

Verwechslung s – ß, Lückensätze

Name: ....

Datum: ....

Welcher Buchstabe fehlt: „s“ oder „ß“?
Lies die Lückenwörter laut vor.

Abermakaber liegt auf dem Ra___en und will ein Buch le___en.

Da ruft die Mutter: Fege doch bitte mit dem Be___en die Diele!

Das findet Abermakaber überhaupt nicht spa___ig.

Er bleibt lieber drau___en und tut so, als hätte er nichts gehört.

Vor schlechtem Gewissen zerrupft er Blumen und Grä___er.

Sein Buch kann er auch nicht mehr richtig genie___en.

Nun kommt auch noch Hokus und will mit ihm auf der Wie___e Ball spielen.

Abermakaber stolpert verdrossen über seine eigenen Fü___e.

Aus der Ferne hört er lei___e das Rufen der Mutter.

Nun rafft er sich endlich auf, und zusammen sau___en sie ins Haus.

Die Mutter hat Klö___e mit So___e gekocht.

„Bist du bö___e?“, fragt Abermakaber kleinlaut.

„Nein, aber du bist schon ein gro___er Lau___er!“

Abermakaber beschließt, der Mutter später mindestens zwei Blumensträu___e zu pflücken.

Verwechslung s – ß, Unterschied nicht hörbar

Name: ....

Datum: ....

Wenn „s“ und „ß“ am Ende eines Wortes oder vor einem Mitlaut stehen, kann man sie nicht unterscheiden. Sie klingen dann beide wie „ß“, nämlich zischend.

Um die richtige Schreibung herauszufinden, musst du in diesem Fall die Wörter verlängern oder so verändern, dass ein Selbstlaut nach dem /s/-Laut steht.

Beispiele:

„s“ und „ß“ NICHT unterscheidbar:	„s“ und „ß“ unterscheidbar:
das Gla**s**	die Glä**s**er
der Strau**ß**	die Sträu**ß**e

Bilde die Mehrzahl, dann kannst du „s“ und „ß“ unterscheiden:

„s“ und „ß“ NICHT unterscheidbar:		„s“ und „ß“ unterscheidbar:
der Fu___	(s oder ß?)	____________________
der Klo___	(s oder ß?)	____________________
das Gra___	(s oder ß?)	____________________
der Spie___	(s oder ß?)	____________________
die Mau___	(s oder ß?)	____________________
der Prei___	(s oder ß?)	____________________

Verwechslung s – ß, Unterschied nicht hörbar

Name: ....

Datum: ....

Bilde bei Eigenschaftswörtern die Steigerungsform, dann werden „s" und „ß" wieder hörbar:

NICHT unterscheidbar:	Steigerung: „s" und „ß" unterscheidbar:
Tim ist gro____.	Aber Olaf ist ______________.
Die Hexe ist fie____.	Aber das Ungeheuer ist ___________.
Die Suppe ist hei____.	Aber der Tee ist ______________.
Der Kuchen ist sü____.	Aber das Eis ist ______________.
Karl fühlt sich mie____.	Aber Susi fühlt sich ______________.

In der Grundform ist „s" und „ß" bei Zeitwörtern unterscheidbar:

NICHT unterscheidbar:	Steigerung: „s" und „ß" unterscheidbar:
Der Löwe bei____t.	_______________________
Der Jäger schie____t.	_______________________
Ihr lo____t aus:	_______________________
Sie gie____t die Blumen.	_______________________
Die Kuh gra____t.	_______________________
Kai stö____t Sven an:	_______________________
Susi schmu____t mit Mieze.	_______________________

„ss“: Schlangenwörter

Name: ....

Datum: ....

Wie viele Wörter mit „ss“ hat Abermakaber in den Buchstabenschlangen versteckt? Trenne sie durch Striche und schreibe sie auf die Zeilen.
Sind ihre betonten Selbstlaute lang oder kurz?

KLASSEMESSERSCHLÜSSELTASSEWASSERFLOSSEKASSEPASS

____

____

Es sind ________ Namenwörter.

wissenpassenessenlassenmüssenmessenhassenfressenvergessen

____

____

Es sind ________ Zeitwörter.

krassflüssignasswässrighässlichblass

____

____

Es sind ________ Eigenschaftswörter

Male nun einen Punkt unter die betonten Selbstlaute (denn sie sind hier alle kurz!) und umringele alle „ss“.

„s“ oder „ss“? Kurzer Selbstlaut: Lückenwörter

Name: ....

Datum: ....

Bei „ss“ kannst du einfach die Dopplungsregel anwenden:

Nach einem kurzen betonten Selbstlaut müssen zwei Mitlaute stehen.
Wenn du nur einen hörst, musst du diesen verdoppeln.

Merke dir aber die kleinen Ausnahmewörter das, was und bis.

Wende diese Regel nun auch auf die folgenden Wörter an und setze ein: „s“ oder „ss“?

das Wa____er
die Ma____ke
das Me____er

das Fa____
der Ga____t
be____er

mü____en
lu____tig
die Kla____e

die Ta____e
der Ka____per
das Fe____t

Übungen zu den S-Lauten
Übung 12

„s“ oder „ss“? Langer oder kurzer Selbstlaut?

Name: ....

Datum: ....

Bestimme den betonten Selbstlaut. Wenn er lang ist, malst du einen Strich darunter, wenn er kurz ist, einen Punkt.
Ordne dann die Wörter in die richtigen Spalten.

Klasse	Lösung	Sparkasse	Test
Fest	Fass	Durst	Nase
essen	lesen	Käse	Besen
Rose	Messer	Mast	Gläser
Fluss	messen	Rasen	aufpassen

Langer SL: „s“	**Kurzer SL: „ss“**	**Kurzer SL: „s“ + anderer ML**
________________	________________	________________
________________	________________	________________
________________	________________	________________
________________	________________	________________
________________	________________	________________
________________	________________	________________
________________	________________	________________
________________	________________	________________

„ß“, „s“ oder „ss“? Wörter unterstreichen und schreiben

Name: ....

Datum: ....

Suche die Wörter mit „s“, „ß“ und „ss“ aus der Geschichte heraus und unterstreiche sie.

Freundschaft

Der Esel Erich und die kleine Maus Mara machen eine Reise. Sie laufen über eine Wiese, dann durch ein Gemüsebeet und später eine Straße entlang. Erich saust mit seinen langen Beinen immer voran und Mara hechelt hinterher. „Na, so macht das ja nun wenig Spaß“, denkt sie, „ich will die Landschaft doch genießen!“ Bald tun ihr auch noch die Füße weh. Da fasst sie sich ein Herz und bittet Erich um Nachsicht: „Sei nicht böse, aber wir müssen mal eine Pause machen, mir ist sooo heiß und ich kann nicht mehr!“ Völlig außer Atem lässt sie sich Gras plumpsen.
Erich nickt bloß. Er ist kein Mann von großen Worten, aber er wartet geduldig und frisst derweil ein paar Disteln. Auch die Maus packt ihren Rucksack aus. Sie bietet ihrem Freund ein paar Nüsse und süße, getrocknete Beeren an. Wasser zum Trinken finden sie im nahen Fluss. Bald ist Erich durch die Rast prima gestärkt, aber Mara tun immer noch die Füße weh. Kurzerhand hebt sie der gutmütige Esel auf seinen Kopf und setzt sich in Trab. Mara kuschelt sich zwischen Erichs Ohren und flüstert schläfrig: „Danke, du bist ein ganz Lieber, aber nach dreißig Kilometern tauschen wir, okay?“

„ß“, „s“ oder „ss“? Wörter unterstreichen und schreiben

Name: ....

Datum: ....

Schreibe die Wörter, die du unterstrichen hast, auf die richtigen Zeilen. Male unter den langen betonten Selbstlaut einen Strich und unter den kurzen einen Punkt.

Langer Selbstlaut

„s“ hörbar:

„s“ nicht von „ß“ unterscheidbar:

„ß“ hörbar:

„ß“ nicht von „s“ unterscheidbar:

Kurzer Selbstlaut

„ss“:

„s“ + anderer Mitlaut:

www.lernserver.de • info@lernserver.de • ☎ (0251) 83-28409

„s“, „ß“ oder „ss“? Regelwiederholung

Name: ....

Datum: ....

Wiederholung der „s“-Regeln.
Finde zu jeder Regel noch weitere Beispielwörter:

Ist der betonte Selbstlaut lang, schreibt man „s“ oder „ß“:
Zwischen zwei Selbstlauten kannst du den Unterschied hören.

lesen beißen

Stehen „s“ oder „ß“ aber am Wort- oder Silbenende,
klingen beide gleich und du musst das Wort verlängern,
um den Unterschied wieder hörbar zu machen.

er liest → lesen
er beißt → beißen

„ß“ kann NICHT stehen,
wenn im Wortstamm ein weiterer Konsonant folgt.

der Geist

„ss“ steht nur nach kurzem betontem Selbstlaut,
wenn kein anderer Mitlaut zu hören ist:

Wasser, messen, nass
aber: Gast, Maske, Wespe

„s“, „ß“ oder „ss“? Regelwiederholung
und Lückensätze

Name: ....

Datum: ....

Setze ein: „s“, „ß“ oder „ss“?
Vergleiche mit der Geschichte: Welche Sätze sind falsch?

1. Die Mau___ Mara macht mit ihrem Freund Erich eine Rei___e.
2. Sie laufen durch eine Wie___e und durch Gemü___e.
3. Auf der Stra___e tun Mara die Fü___e weh.
4. Ihr ist hei___ und sie kann nicht mehr.
5. Erich, der E___el, läuft zu langsam.
6. Mara ist grö___er als Erich.
7. Erich bittet Mara eine Pau___e zu machen.
8. Sie trinken Wa___er und e___en sü___e Nü___e.
9. Erich verspei___t auch Di___teln.
10. Erich erzählt Witze und macht ständig Spä___e.
11. Am Schlu___ nimmt Mara den E___el auf ihre Schultern.
12. Sie trägt ihn drei___ig Kilometer weit.

„s“, „ß“ oder „ss“? Erweitertes Domino-Spiel

Name: ....

Datum: ....

„Erweitertes Domino“

Ziel:

Spielerische Anwendung der S-Laut-Regeln.

Material:

Domino-Wortkarten, größerer Würfel, rote (für „ss“), blaue (für „s“) und grüne (für „ß“) Buntstifte

Vorbereitung:

Domino-Wortkarten auf festes Papier kopieren und paarweise ausschneiden. Auf jeweils zwei Seiten des Würfels ein Kärtchen mit „s“, „ß“ und „ss“ kleben.

Teilnehmer:

2 bis 6

Anleitung:

Die Karten werden gemischt und gleichmäßig an die Spieler verteilt. Der erste Spieler würfelt mit dem Buchstabenwürfel und sucht gemäß des erwürfelten S-Lautes bei seinen Dominokärtchen nach einem Wortkärtchen, in das er diesen Buchstaben einsetzen kann. Hat er das richtige gefunden, malt er in der entsprechenden Farbe den S-Laut hinein. Das Nachbarfeld füllt er ebenfalls aus. Wenn er alles korrekt erledigt hat, legt er das ausgefüllte Kärtchen ab. Wenn nicht, kommt der nächste dran. Gewinner ist, wer als Erster alle seine Kärtchen ablegen konnte. Es wird weitergespielt, bis alle Kärtchen ausgefüllt sind.

In der nächsten Spielrunde werden die ausgefüllten Karten offen auf den Tisch gelegt. Gemeinsam versuchen alle Spieler in Ruhe, die passenden Wortverwandten zu finden und damit eine lange Dominoschlange zu bilden.

In einer weiteren Spielrunde können zwei Gruppen mit je einem Dominosatz gegeneinander antreten: Welche Gruppe kann am schnellsten alle Karten passend aneinanderlegen?

„s“, „ß“ oder „ss“? Erweitertes Domino-Spiel

Name: ....

Datum: ....

Dominokärtchen:

wei___	drei___igmal
Flei___	au___en
Schlie___fach	Be___en
Mäu___se	Lu___t
es pa___t	Nu___
trö___ten	lö___en
spei___en	sau___en
sü___er	sto___en
Fü___e	le___en
Schlö___er	ra___ten
Ro___t	Spa___

drei___ig	flei___ig
au___erdem	schlie___en
Be___enstiel	Mau___
lu___tig	pa___en
Nü___e	Tro___t
Lö___ung	Spei___e
er sau___t	sü___
Sto___	Fu___
Le___ebuch	Schlo___
Ra___tplatz	ro___tig
spa___ig	schneewei___

„s“, „ß“ oder „ss“? Wörterliste

Name: ....

Datum: ....

Hinweis:
Mit folgender Wortauswahl können Übungen nach eigenen Ideen zur Vertiefung und Automatisierung kreiert werden (Partner- Wortdiktate, Bingo ...). Wichtig ist dabei, auch die Regeln für den S-Laut zu wiederholen und die Fehler gründlich zu besprechen.

Langer Vokal:

Wörter mit „ß“ („ß“ nur nach langem Selbstlaut!):
beißen, draußen, dreißig, fleißig, fließen, Fuß, Füße, gießen, groß, größer, grüßen, heiß, wir heißen, Kloß, Klöße, reißen, schießen, schließen, Schoß, Soße, Spaß, Späße, stoßen, Straße, süß, weiß

Wörter mit „s“:
Besen, Esel, böse, Gemüse, Gläser, Gräser, Häuser, Mäuse, Läuse, Hose, Rose, Dose, Hase, Nase, Rasen, Wiese, reisen (aber: zerreißen!), lesen, Musik, Preise, auslosen, niesen, speisen, die (Art und) Weise, Kreise, leise, Meise, Lösung, lösen, Brösel, sausen, Geist

Kurzer Vokal:

Wörter mit „s“ + anderem Konsonant:
Schwester, Ast, Mast, hasten, lustig, listig, Distel, Mistel, du bist, fest, Fest, Post, Frost, Rast, Gast, fast, Rost, Wespe, Maske, Kasper, Rest, Kiste, Kasten, knistern, knusprig, kosten, Kostüm, Küste (aber: er küsste), Rüstung, Westen, Osten

Wörter mit „ss“:
müssen, küssen, essen, fressen, besser, bisschen, anfassen, passen, hassen, Kasse, Klasse, Messer, messen, Schüssel, Schlüssel, Tasse, vergessen, Wasser, wissen, Nuss, Kuss, Schluss, Schuss, Sessel, Kessel, Schloss, Gasse, Fluss

lernserver
Individuelle Förderung

S-Laute

Regelkunde für Kinder

Regelkunde für Kinder

Die S-Laute:

„s“ oder „ß“?
Wenn der betonte Selbstlaut in einem Wort **lang** gesprochen wird, folgt danach entweder ein „s“ oder ein „ß“.

Du kannst „s“ und „ß“ unterscheiden, wenn sie zwischen zwei **Selbstlauten** stehen.
Dann klingt das **„s“ weich** und **summend** wie bei einer Fliege, zum Beispiel:

Ro**s**e, Na**s**e, Be**s**en

Das **„ß“** aber klingt **hart** und **zischend** wie bei einer Schlange:

Stra**ß**e, sto**ß**en, gie**ß**en

Aber:
Folgt nach „s“ und „ß“ **kein Selbstlaut**, klingen beide zischend wie bei einer Schlange, und du kannst nicht hören, wie du schreiben musst.
Der Trick ist hier das „Verlängern“ des Wortes. Es muss ein Selbstlaut nach „s“ oder „ß“ folgen, dann ist der Unterschied wieder hörbar:

der Prei**s**	→	die Preise
er saust	→	sausen

der Fu**ß**	→	die Fü**ß**e
es flie**ß**t	→	flie**ß**en

Die wichtigsten Wörter mit „ß“
kannst du auch auswendig lernen und üben:

bei**ß**en
drau**ß**en
drei**ß**ig
flei**ß**ig
flie**ß**en
Fu**ß**, Fü**ß**e
gie**ß**en
gro**ß**, grö**ß**er
grü**ß**en
hei**ß**
wir hei**ß**en

der Klo**ß**, die Klö**ß**e
rei**ß**en (Papier zerreißen)
schie**ß**en
schlie**ß**en
Scho**ß**
So**ß**e
Spa**ß**, Spä**ß**e
sto**ß**en
Stra**ß**e
sü**ß**
wei**ß**

Merke dir:

„ß“ kann nur nach einem **langen Selbstlaut** stehen,
sonst nie!

„s“ oder „ss“?

Für „s“ oder „ss“ gilt die gleiche Dopplungsregel wie für die anderen Mitlaute:

Nach einem kurzen, betonten Selbstlaut müssen zwei Mitlaute stehen.

Hörst du nur **einen**, musst du diesen **verdoppeln.**

Beispiele für diese Regel:

Ki**st**e, We**sp**e (zwei verschiedene Mitlaute folgen: „st“ und „sp“)

Ki**ss**en, be**ss**er (zwei gleiche Mitlaute folgen: „ss“)

„ss“ steht nie:

Nach einem **langen** betonten Selbstlaut
und nach **au**, **äu**, **eu**, **ei** und **äu**

Merke dir die folgenden kleinen Wörtchen:

bi**s**
der Bu**s**

„s“ oder „ß“ oder „ss“?

Bei stark gebeugten Zeitwörtern musst du besonders aufpassen: Sie können in der Vergangenheit zwischen kurzem und langem Selbstlaut wechseln. Dabei ändern sie auch ihren S-Laut, zum Beispiel:

kurzer SL	kurzer SL	langer SL	kurzer SL
e**ss**en	er i**ss**t	er a**ß**	er hat gege**ss**en
langer SL	langer SL	kurzer SL	kurzer SL
gie**ß**en	sie gie**ß**t	sie go**ss**	sie hat gego**ss**en

Das heißt, wenn der kurze Selbstlaut in einer anderen Zeitform lang gesprochen wird, verwandelt sich das „ss“ in ein „ß“.
Warum?
Weil „ss“ nur nach kurzen betonten Selbstlauten steht und „ß“ nur nach langen:

e**ss**en (e = kurz) → er a**ß** (a = lang)

Wird der lange betonte Selbstlaut aber in einen kurzen verwandelt, wird das „ß“ zum „ss“.

gie**ß**en (ie = lang) → er hat gego**ss**en (o = kurz)

Eigener Wegweiser:

Vielleicht kannst du ja die Sache mit den S-Lauten anders besser verstehen? Schreibe hier mit deinen eigenen Worten die Regel auf. Du darfst dich auch mit anderen Kindern beraten.
Hast du auch ein paar Lieblingswörter, die du dir besonders gut merken möchtest?

www.lernserver.de • info@lernserver.de • ☎ (02 51) 83-2 84 09

lernserver
Individuelle Förderung

S-Laute

Hinweise für Lehrer und Eltern

Hinweise für Lehrer und Eltern

Die S-Laute

Allgemeines:

Die S-Laute sind insofern keine ganz einfache Thematik, als hier eine Menge Hörkompetenz und Regelwissen erforderlich ist, um „s“, „ß“ und „ss“ richtig zu verschriften.
Eine zentrale Bedeutung hat hier – wie auch bei Dopplung und Dehnung – die Länge bzw. Kürze des betonten Vokals. Es wird daher dringend empfohlen, vor der Bearbeitung der S-Laut-Übungen die „Betonung“ vorzuschalten. Damit steht und fällt das Verständnis dafür, wann ein „s“ (nach langen oder kurzen Vokalen) oder „ß“ (nur nach langen Vokalen) oder gar „ss“ (nur nach kurzen Vokalen) geschrieben werden muss.

Die Regeln:

1. „s“ oder „ß“?
Wird der betonte Vokal vor einem /s/-Laut lang gesprochen, schreibt man entweder „s“ oder „ß“.

Merke hierzu:

Das „ß“ kann **ausschließlich** nach **langen** Vokalen stehen, dann aber auch nur, wenn KEIN zum Wortstamm gehörender Konsonant folgt:
der Gei**s**t und NICHT Geißt; aber: es flie**ß**-t von flie**ß**en

Stehen „s“ oder „ß“ zwischen zwei Vokalen, ist der Unterschied hörbar (Vibrationstest mit Finger am Kehlkopf):

die Ro**s**e	→ Das „s“ ist stimmhaft, es wird gesummt wie bei einer Fliege.
die Stra**ß**e	→ Das „ß“ ist stimmlos, es wird gezischt wie bei einer Schlange.

Am Silbenende sowie vor anderen Konsonanten innerhalb der Silbe sind beide /s/-Laute stimmlos. Um den Unterschied hörbar zu machen, muss das Wort verlängert werden:

sie lie**s**t → le**s**en	der Strau**ß** → die Sträu**ß**e

Folgende Wörter lassen sich nicht oder nur schwer verlängern:

> aus, was, das Mus, der Kies (Kiesel), der Reis
> Aber: der Grieß

2. „s“, „ß“ oder „ss“?
Für „ss“ gilt die gleiche Dopplungsregel wie für die anderen Mitlaute auch:

> Nach einem **kurzen** betonten Vokal müssen **zwei** Konsonanten folgen.
> Ist nur **ein** Konsonant zu hören, muss dieser **verdoppelt** werden:
>
> Tâ**ss**e, mê**ss**en, nâ**ss**

Merke:

Nach einem langen betonten Vokal
und nach Diphtongen (au, eu, äu, ei, ai) steht NIE „ss“.

Stark gebeugte Verben:
Bei stark gebeugten Verben kann sich im Präteritum oder Perfekt der betonte Vokal (Stammvokal) verändern und auch seine Länge bzw. Kürze. Aus „ß“ wird dann nach kurzem Vokal „ss“ und aus „ss“ wird nach langem Vokal „ß“:

beißen:	er beißt, er biss, er hat gebissen
essen:	er aß, er isst, er hat gegessen

Vor- und Nachsilben:

Normalerweise wird in Vor- und Nachsilben weder gedoppelt noch gedehnt.
Ausnahmen:
Vorsilbe „mi**ss**-“:

mi**ss**lingen, Mi**ss**trauen, mi**ss**lich

Nachsilbe „-nis“ in der Mehrzahl:

das Erlebnis → die Erlebni**ss**e

Die Voraussetzungen:

Vokale, Konsonanten, Umlaute und Diphtonge müssen bekannt sein und unterschieden werden können.
Des Weiteren muss sichergestellt sein, dass die Kinder dazu imstande sind, den betonten Vokal eines Wortes herauszufinden und auch zu hören, ob er lang oder kurz gesprochen wird (siehe Fördermappe 3 „Betonung“). Da „ss“ der Dopplungsregel unterworfen ist, wäre es auch sinnvoll, den Bereich „Konsonantenverdopplung“ vorher durchgenommen zu haben (siehe Fördermappe 4 „Dopplung“).

Hinweise zur Methodik:

Den Unterschied zwischen stimmhaftem „s“ und stimmlosem „ß“ kann man nur dann hören, wenn man deutlich spricht und genau hinhört. In manchen Dialekten wird der Unterschied nie oder gar falsch eingesetzt (Franken, Hessen), so dass bei Kindern aus diesen Regionen eine sichere Schreibung schon aus diesem Grund nicht gewährleistet ist. Auch die stimmhafte Lautierung des „s“ am Wortanfang wird in vielen Gegenden vernachlässigt. Diese Tatsache ist jedoch nicht problematisch, da eine Unterscheidung am Wortanfang niemals nötig ist: Ein „ß“ kann an dieser Stelle nicht vorkommen.
Sollte ein Kind große Probleme mit der akustischen Differenzierung zwischen „s“ und „ß“ haben und auch der „Vibrationstest“ (Finger an Kehlkopf halten und abwechselnd summen und zischen) keine Verbesserung bringen, ist es möglicherweise einfacher, die „ß“-Wörter auswendig lernen zu lassen.

Liste mit Wörtern, die gemeinhin für Schüler der 2. und 3. Klasse relevant sind:

beißen
draußen
dreißig
fleißig
fließen
der Fuß, die Füße
gießen
groß, größer
grüßen
heiß
wir heißen

der Kloß, die Klöße
reißen (Papier zerreißen)
schießen
schließen
der Schoß
die Soße
der Spaß, die Späße
stoßen
die Straße
süß
weiß

Erweiterte Liste:

er aß, wir aßen
außen, außer, draußen
beißen
bloß, Blöße
büßen, die Buße
dreißig
fleißig, der Fleiß
fließen
das Floß, die Flöße
er fraß, sie fraßen
der Fuß, die Füße
das Gefäß, die Gefäße
die Geißel, geißeln (Peitsche)
die Geiß (Ziege)
gemäß
das Gesäß, er saß, sie saßen
gießen
der Grieß
die Größe, groß, größer
der Gruß, grüßen
heiß
wir heißen
der Kloß, die Klöße
er ließ, wir ließen

das Maß, mäßig, anmaßen
der Meißel, meißeln
die Muße
Preußen
reißen (aber: nach Italien reisen)
der Ruß, rußig
scheußlich
schießen
schließen
schmeißen
der Schoß
spaßen, der Spaß, die Späße
spießen, der Spieß
sprießen
stoßen, der Stoß
der Schweiß
schweißen
die Soße
die Straße
der Strauß
süß
er vergaß, sie vergaßen
der Verschleiß, verschleißen
weiß (ich weiß; die weiße Wand)

Vorschläge zum Einüben der „ß"-Wörter :
Schrittweises Einprägen:
- Jeweils fünf Wörter schreiben und merken; auswendig aufschreiben.
- Für jedes Wort Wortverwandte finden.
- Mit jedem Wort einen Satz schreiben.
- Fünf Wörter aussuchen und eine Geschichte damit schreiben.
- Arbeit mit Karteikärtchen (diejenigen Wörter, die man sich nicht merken kann, werden oft wiederholt).
- Verschiedene Formen von Diktat (Partner-, Lauf-, Dosendiktat oder Bingospiel).

„ß"-Wort-Versteckspiel:
Die „ß"-Wörter werden von den Kindern auf Merkwortkarten geschrieben und im Klassenzimmer versteckt. Am nächsten Tag suchen die Schüler die Merkwortkarten und schreiben die gefundenen Wörter auf ihren Block. Sieger ist, wer die meisten Wörter gefunden und richtig geschrieben hat. Die Kärtchen können anschließend zum Einprägen im Klassenzimmer aufgehängt werden.

Spiele erfinden:
Schüler stellen mit den Wörtern selbst Spiele her, z. B. „Memory" mit Grundwort und Wortverwandten.

Rätsel:
Schüler suchen sich ein Wort aus, versuchen es zu beschreiben oder pantomimisch darzustellen; die anderen müssen das Wort erraten und schreiben.

Weitere Empfehlungen und Tipps:
Wiederholen Sie die wichtigsten Grundlagen der Regeln immer wieder:
- Das „ß" kann **ausschließlich** nach **langen** Selbstlauten stehen, dann aber auch nur, wenn KEIN zum Wortstamm gehörender Mitlaut folgt.
- Es steht NIE nach Mitlauten!
- Nur zwischen zwei Selbstlauten kann man „s" und „ß" unterscheiden. Ansonsten muss das Wort verlängert werden.
- Es kann nur ein Selbstlaut betont sein, nie die ganze Silbe. Wie jeder Berg nur einen Gipfel hat, hat jedes Wort nur einen „Betonungsgipfel".
- Der betonte Selbstlaut liegt meistens in der ersten Silbe, aber nicht immer.
- Nach langen Selbstlauten, Mitlauten und Zwielauten kann NIE „ss" stehen.
- In einem Wort kann nur einmal eine Dopplung vorkommen, da es nur einen Betonungsgipfel gibt. (Es sei denn in Fremdwörtern oder Zusammensetzungen: Karussell, Messerrücken)

Erst wenn diese Grundregel verstanden ist, sollte auf weiterführende Regeln (Beugung etc.) eingegangen werden. Gebeugte Verben müssen ausführlich behandelt werden. Hier machen die Kinder erfahrungsgemäß viele Fehler, vor allem dann, wenn sie, besonders bei starken Verben, nicht erkennen können, welcher Infinitiv zu Grunde liegt.

Fehlerbesprechung:
Bei Fehlern reicht es nicht, nur „falsch“ anzustreichen und das richtige Wort einfach noch einmal schreiben zu lassen. Sinnvoller ist es zu ergründen, wieso es zu dem Fehler kam: Betonung nicht gefunden? Lang oder kurz falsch gehört? s und ß nicht unterscheiden können? Dopplungsregel vergessen? Usw.

Allgemeine Hinweise:

Die Arbeitsblätter können sein:
- „Lehrerblätter“ mit mündlichen Übungen oder Spielanregungen
- Schriftliche Übungen für die Schüler
- Spiele zum Selbstbasteln (Memory, Domino etc.)

Zu jedem Blatt, das das Kind schriftlich bearbeiten soll, finden Sie im hinteren Teil dieses Bandes die Lösung. Sie kann (muss aber nicht!) der Selbst- oder Partnerkontrolle dienen, enthält aber zum Teil auch methodische Hinweise für Sie.

Bevor mit den Arbeitsblättern begonnen wird, muss den Kindern deren inhaltliche Thematik nahe gebracht werden. Hier können Sie frei entscheiden, auf welche Weise dies geschehen soll, da hierbei sehr unterschiedliche Auffassungen und Methoden vorherrschen.

Die Arbeitsblätter selbst dienen dem Üben und Vertiefen der kleinen Regel-Lernschritte. Sie stellen ein Grundgerüst dar, das von Ihnen beliebig erweitert oder auch verkürzt werden kann, je nachdem, wie schnell eine Klasse oder Fördergruppe die einzelnen Bereiche beherrscht.

Sind die Prinzipien einer Rechtschreibregel erst einmal gespeichert, steht es in Ihrem Ermessen, mit welchen Spielen oder Übungsmethoden die weitere Anwendung gesichert und verfeinert wird, z. B. kann aus fächerübergreifenden Texten, Lieblingsmärchen oder selbst verfassten Geschichten geeignetes Wortmaterial zum Üben verwendet werden (Vorschläge der Kinder aufnehmen!).

Abschließend noch ein kleiner Tipp: Händigen Sie den Kindern erst nach und nach die Arbeitsblätter, Lösungen und die jeweiligen Regeln aus. Auf diese Weise müssen sich die Kinder von der Fülle des Materials nicht erschlagen fühlen, sondern können sich Schritt für Schritt ihr eigenes Übungs- und Nachschlagewerk erarbeiten. Sie können von Fall zu Fall entscheiden, ob die Kinder z. B. schon so weit sind, dass sie die jeweiligen Lösungsblätter zur eigenständigen Selbstkontrolle nutzen können oder ob ein intensiveres Besprechen von Regeln, Aufgabenstellung oder Fehlern angebracht wäre.

Regelkunde für Kinder

Die „Regelkunde für Kinder“, in der die wichtigsten Punkte in einfachen Worten zusammengefasst sind, soll den Kindern als Merkhilfe und kleines Nachschlagewerk dienen. Hier finden sie in komprimierter Form alles, was sie für die Bearbeitung der Arbeitsblätter brauchen und eventuell wieder vergessen haben.

lernserver
Individuelle Förderung

S-Laute

Lösungen

Verwechslung s – ß, Lückenwörter mit „s“

Name: ....

Datum: ....

Hinweis:
Hier geht es um die Einsicht, dass das „s“ zwischen zwei Vokalen stimmhaft gesprochen, also gesummt werden muss (wie bei einer „Fliege“ – ausführlich üben lassen!).
Der vorhergehende Vokal muss dabei **lang** sein (wäre er kurz, müsste „ss“ oder „s“ plus Konsonant geschrieben werden, wobei der S-Laut wieder stimmlos wäre!). Vorsicht aber bei Wörtern wie „Gesetz“ oder „Gesicht“. Hier gehört der Vokal zur Vorsilbe „ge-“ und ist nicht lang. Das „s“ ist aber praktisch der Anfang des eigentlichen Wortes (setzen, sehen) und wird deshalb gesummt.
Für den Beginn des „s-ß“-Themas reicht es aber zu wissen, dass ein „s“, wenn es zwischen zwei Vokalen steht, gesummt werden muss.

1. Setze in die folgenden Wörter jeweils ein „s“ ein.
2. Sprich dir die Wörter laut vor und versuche, das „s“ summend wie bei einer Fliege zu sprechen.
**3. Lege dabei den Zeigefinger auf deinen Kehlkopf.
Wenn du das „s“ richtig summst, spürst du ein leichtes Zittern (Vibrieren).**

lei<u>s</u>e

bö<u>s</u>e

ra<u>s</u>en

die Wie<u>s</u>e

der Ha<u>s</u>e

Welche Wörter sind Wortverwandte? Verbinde sie mit einem Pfeil.

- Döschen → Dose
- Besen → Besenstiel
- hochnäsig → Nase
- rosig → Rose
- rasen → Raserei
- Gemüse → Gemüsesuppe

Verwechslung s – ß, Lückenwörter mit „ß“

Name: ....

Datum: ....

Hinweis:
Nach Bearbeiten des Arbeitsblattes wird von der Lehrkraft die Frage gestellt, ob die betonten Selbstlaute in den „ß“-Wörtern lang oder kurz sind. Die Kinder stellen fest, dass sie alle lang sind. Daraus folgt der Merksatz:

„ß“ kann nur nach langen Selbstlauten stehen!

**Setze nun in die folgenden Wörter „ß“ ein.
Sprich dir die Wörter laut vor und achte dabei auf ein zischendes „ssss“ wie bei einer Schlange.
Wenn du jetzt den Zeigefinger auf deinen Kehlkopf legst, spürst du <u>kein</u> Zittern!**

bei<u>ß</u>en

sto<u>ß</u>en

flie<u>ß</u>en

die Stra<u>ß</u>e

die Fü<u>ß</u>e

gie<u>ß</u>en

wir hei<u>ß</u>en Müller

grö<u>ß</u>er

drau<u>ß</u>en

Abermakaber stellt eine Frage für Schnelldenker:

Welchen Buchstaben im Alphabet gibt es **<u>nur</u>** als **<u>kleinen</u>** Buchstaben?
Antwort: **<u>ß</u>**

Weißt du warum?
Antwort: Weil ein „ß“ **<u>NIE</u>** am Anfang eines Wortes stehen kann!

Verwechslung s – ß, Wörter verbinden

Name: ....

Datum: ....

Verbinde die „ß"-Wörter, die zusammengehören.

Spaß	heißen
weiß	stoßen
Stoß	Füße
du heißt	Späße
Fuß	Süßigkeiten
süß	weißer

Achtung, hier kommen auch „s"-Wörter vor!

Gießkanne	Bösewicht
böse	grüßen
Beißring	Gläser
lesen	beißen
es fließt	Lesebuch
Glas	fließen
käsig	gießen
Gruß	Käse

Verwechslung s – ß, Rätsel: „s" oder „ß"?

Name: ....

Datum: ....

Hinweis:
Die Lehrkraft liest bei dieser Übung die Wörter noch vor.

Höre genau zu:
Muss ein summendes „s" oder ein zischendes „ß" in die Lücken?

	S	ß
die Mäu**s**e	G	A
au**ß**en	N	O
gie**ß**en	T	L
le**s**en	D	B
die Spä**ß**e	E	H
die Grä**s**er	A	P
schlie**ß**en	D	M
flei**ß**ig	A	S
das Ei**s**en	T	W
die Klö**ß**e	O	E
die Na**s**e	R	L

Gehe der Reihe nach vor: Umringele den Buchstaben der richtigen Spalte und trage ihn in die Lösungskästchen ein. Verfahre so auch mit den anderen Wörtern. Heraus kommt ein Tier, das vor allem dann wach ist, wenn du schläfst.

G	O	L	D	H	A	M	S	T	E	R

Hinweis:
Abschließend könnte noch die Frage gestellt werden, warum bei „Hamster" auf keinen Fall ein „ß" stehen kann.
Antwort: Weil „ß" nur nach langen Selbstlauten vorkommt und NIE nach Mitlauten.

Verwechslung s – ß, Lückensätze

Name: ....

Datum: ....

Welcher Buchstabe fehlt: s oder ß?
Lies die Lückenwörter laut vor.

Abermakaber liegt auf dem Rasen und will ein Buch lesen.

Da ruft die Mutter: Fege doch bitte mit dem Besen die Diele!

Das findet Abermakaber überhaupt nicht spaßig.

Er bleibt lieber draußen und tut so, als hätte er nichts gehört.

Vor schlechtem Gewissen zerrupft er Blumen und Gräser.

Sein Buch kann er auch nicht mehr richtig genießen.

Nun kommt auch noch Hokus und will mit ihm auf der Wiese Ball spielen.

Abermakaber stolpert verdrossen über seine eigenen Füße.

Aus der Ferne hört er leise das Rufen der Mutter.

Nun rafft er sich endlich auf, und zusammen sausen sie ins Haus.

Die Mutter hat Klöße mit Soße gekocht.

„Bist du böse?", fragt Abermakaber kleinlaut.

„Nein, aber du bist schon ein großer Lauser!"

Abermakaber beschließt, der Mutter später
mindestens zwei Blumensträuße zu pflücken.

Verwechslung s – ß, Unterschied nicht hörbar

Name: ....

Datum: ....

Hinweis:
Die Ableitung von „s" und „ß" folgt dem gleichen Prinzip wie die Ableitung der Plosivlaute: Am Silbenende sowie vor anderen Konsonanten innerhalb der Silbe klingt auch „s" stimmlos wie das „ß". Die Wörter müssen so verändert werden, dass nach dem /s/-Laut ein Vokal zu stehen kommt: durch Bildung von Plural, Komparativ oder Infinitiv.

Wenn „s" und „ß" am Ende eines Wortes oder vor einem Mitlaut stehen, kann man sie nicht unterscheiden. Sie klingen dann beide wie „ß", nämlich zischend.

Um die richtige Schreibung herauszufinden, musst du in diesem Fall die Wörter verlängern oder so verändern, dass ein Selbstlaut nach dem /s/-Laut steht.

Beispiele:

„s" und „ß" NICHT unterscheidbar:	„s" und „ß" unterscheidbar:
das Glas	die Gläser
der Strauß	die Sträuße

Bilde die Mehrzahl, dann kannst du „s" und „ß" unterscheiden:

„s" und „ß" NICHT unterscheidbar:		„s" und „ß" unterscheidbar:
der Fuß	(s oder ß?)	die Füße
der Kloß	(s oder ß?)	die Klöße
das Gras	(s oder ß?)	die Gräser
der Spieß	(s oder ß?)	die Spieße
die Maus	(s oder ß?)	die Mäuse
der Preis	(s oder ß?)	die Preise

Verwechslung s – ß, Unterschied nicht hörbar

Name: ....

Datum: ....

Hinweis:
Die Tatsache, dass stark gebeugte Verben in anderen Formen ihren betonten Vokal und dessen Länge oder Kürze verändern können und deshalb aus „ss“ ein „ß“ werden kann und umgekehrt, findet in dieser Stufe noch keine Berücksichtigung (Beispiel: wissen – er weiß, er wusste; beißen – er biss, er hat gebissen usw.).

Bilde bei Eigenschaftswörtern die Steigerungsform, dann wird „s“ und „ß“ wieder hörbar:

NICHT unterscheidbar:	Mehrzahl: „s“ und „ß“ unterscheidbar:
Tim ist groß.	Aber Olaf ist **größer**.
Die Hexe ist fies.	Aber das Ungeheuer ist **fieser**.
Die Suppe ist heiß.	Aber der Tee ist **heißer**.
Der Kuchen ist süß.	Aber das Eis ist **heißer**.
Karl fühlt sich mies.	Aber Susi fühlt sich **mieser**.

In der Grundform ist „s“ und „ß“ bei Zeitwörtern unterscheidbar:

NICHT unterscheidbar:	Grundform: „s“ und „ß“ unterscheidbar:
Der Löwe beißt.	**beißen**
Der Jäger schießt.	**schießen**
Ihr lost aus:	**auslosen**
Sie gießt die Blumen.	**gießen**
Die Kuh grast.	**grasen**
Kai stößt Sven an:	**anstoßen**
Susi schmust mit Mieze.	**schmusen**

„ss“: Schlangenwörter

Name: ....

Datum: ....

Hinweis:
Die Schüler sollen hier als Regel erkennen, dass „ss“ immer vor einem kurzen betonten Vokal steht. „ss“ wird immer stimmlos gesprochen.
(„bisschen“ kommt von „Biss“: ein „kleiner Biss“ → ein „Bisschen“)

Wie viele Wörter mit „ss“ hat Abermakaber in den Buchstabenschlangen versteckt? Trenne sie durch Striche und schreibe sie auf die Zeilen.
Sind ihre betonten Selbstlaute lang oder kurz?

KLASSE-MESSER-SCHLÜSSEL-TASSE-WASSER-FLOSSE-KASSE-PASS (8)

wissen-passen-essen-lassen-müssen-messen-hassen-fressen-vergessen (9)

krass-flüssig-nass-wässrig-hässlich-blass (6)

Male nun einen Punkt unter die betonten Selbstlaute (denn sie sind hier alle kurz!) und umringele alle „ss“.

„s“ oder „ss“? Kurzer Selbstlaut: Lückenwörter

Name: ....

Datum: ....

Hinweis:
„ss“ kann ausschließlich nach einem kurzen Vokal stehen! Deshalb muss nach kurzen Vokalen nur darauf geachtet werden, ob man danach einen oder zwei Konsonanten hört. Hört man nur einen, schreibt man „ss“, hört man zwei (verschiedene), schreibt man „s“. Das „ß“ kommt nach kurzen Vokalen nie vor! Vorsicht bei stark gebeugten Verben, deren betonter Vokal Länge und Kürze ändern kann (er frisst, er fraß).

Bei „ss“ kannst du einfach die Dopplungsregel anwenden:

> Nach einem kurzen betonten Selbstlaut müssen zwei Mitlaute stehen.
> Wenn du nur einen hörst, musst du diesen verdoppeln.
>
> Merke dir aber die kleinen Ausnahmewörter das, was und bis.

Wende diese Regel nun auch auf die folgenden Wörter an und setze ein: „s“ oder „ss“?

das Wasser
die Maske
das Messer

das Fass
der Gast
besser

müssen
lustig
die Klasse

die Tasse
der Kasper
das Fest

„s“ oder „ss“? Langer oder kurzer Selbstlaut?

Name: ....

Datum: ....

Hinweis:
Der betonte Vokal ist hier immer in der ersten Silbe; Ausnahmen: Sparkasse (zusammengesetztes Wort, muss getrennt werden); aufpassen (betonte Vorsilbe abtrennen, dann Betonung und Länge/Kürze bestimmen).

Bestimme den betonten Selbstlaut. Wenn er lang ist, malst du einen Strich darunter, wenn er kurz ist, einen Punkt.
Ordne dann die Wörter in die richtigen Spalten.

Klasse	Lösung	Sparkasse	Test
Fest	Fass	Durst	Nase
essen	lesen	Käse	Besen
Rose	Messer	Mast	Gläser
Fluss	messen	Rasen	aufpassen

Langer SL: „s“	Kurzer SL: „ss“	Kurzer SL: „s“ + anderer ML
Lösung	Klasse	Test
Nase	Sparkasse	Fest
lesen	Fass	Durst (nach ML nie „ss“ oder „ß“)
Käse	essen	Mast
Besen	Messer	
Rose	Fluss	
Gläser	messen	
Rasen	aufpassen	

„ß", „s" oder „ss"? Wörter unterstreichen und schreiben

Name: ....

Datum: ....

Hinweis:
Diese Übung ist relativ schwierig, weil alle Regeln des S-Lautes beachtet werden müssen. Schüler und Lehrkraft sollten deshalb das Arbeitsblatt gemeinsam bearbeiten: Die Schüler lesen absatzweise die Geschichte vor, anschließend werden die „s"-Wörter unterstrichen. Die Eintragungen unter die richtigen Überschriften müssen ausführlich besprochen werden (vor allem bei gebeugten Wörtern: Ableitungen!) und sollten mit dem langen betonten Selbstlaut beginnen.
Achtung: Es geht hier nur um Wörter, bei denen „s" nach dem betonten Selbstlaut steht (also NICHT „plumpsen", „seine" oder „Rucksack"!).

Suche die Wörter mit „s", „ß" und „ss" aus der Geschichte heraus und unterstreiche sie.

Freundschaft

Der Esel Erich und die kleine Maus Mara machen eine Reise. Sie laufen über eine Wiese, dann durch ein Gemüsebeet und später eine Straße entlang. Erich saust mit seinen langen Beinen immer voran und Mara hechelt hinterher. „Na, so macht das ja nun wenig Spaß", denkt sie, „ich will die Landschaft doch genießen!" Bald tun ihr auch noch die Füße weh. Da fasst sie sich ein Herz und bittet Erich um Nachsicht „Sei nicht böse, aber wir müssen mal eine Pause machen, mir ist sooo heiß und ich kann nicht mehr!" Völlig außer Atem lässt sie sich Gras plumpsen.
Erich nickt bloß. Er ist kein Mann von großen Worten, aber er wartet geduldig und frisst derweil ein paar Disteln. Auch die Maus packt ihren Rucksack aus. Sie bietet ihrem Freund ein paar Nüsse und süße, getrocknete Beeren an. Wasser zum Trinken finden sie im nahen Fluss. Bald ist Erich durch die Rast prima gestärkt, aber Mara tun immer noch die Füße weh. Kurzerhand hebt sie der gutmütige Esel auf seinen Kopf und setzt sich in Trab. Mara kuschelt sich zwischen Erichs Ohren und flüstert schläfrig: „Danke, du bist ein ganz Lieber, aber nach dreißig Kilometern tauschen wir, okay?"

„ß", „s" oder „ss"? Wörter unterstreichen und schreiben

Name: ....

Datum: ....

Schreibe die Wörter, die du unterstrichen hast, auf die richtigen Zeilen:
Male unter den langen betonten Selbstlaut einen Strich und unter den kurzen einen Punkt.

Langer Selbstlaut

„s" hörbar (weil zwischen zwei Vokalen):
Esel, Reise, Wiese, Gemüsebeet, böse, Pause

„s" nicht von „ß" unterscheidbar (Wort- /Silbenende; Verlängerung):
Maus, saust, Gras

„ß" hörbar:
Straße, genießen, Füße, außer, großen, süße, dreißig

„ß" nicht von „s" unterscheidbar (Wort- /Silbenende; Verlängerung):
Spaß, heiß, bloß (die Blöße)

Kurzer Selbstlaut

„ss" (Bei Verben: Grundform bilden, dann betonten Vokal suchen):
fasst (fassen), müssen, lässt (lassen), frisst (fressen), Nüsse, Wasser, Fluss

„s" + anderer Mitlaut („t" gehört zum Stamm, deshalb „s"; „ß" ist unmöglich!):
Disteln, Rast, flüstert

„s“, „ß“ oder „ss“? Regelwiederholung

Name: ....

Datum: ....

Hinweis:
Die Regeln müssen im Unterricht oft wiederholt werden. Die Schüler dürfen sie aber auch nachlesen, wenn sie bei der Bearbeitung der Aufgaben unsicher sind (die Arbeitsblätter sollen kein Test, sondern Übung sein!).

Wiederholung der S-Regeln:

Ist der betonte Selbstlaut lang, schreibt man „s“ oder „ß“:
Zwischen zwei Selbstlauten kannst du den Unterschied hören.

lesen   beißen

Stehen „s“ oder „ß“ aber am Wort- oder Silbenende,
klingen beide gleich und du musst das Wort verlängern,
um den Unterschied wieder hörbar zu machen.

er liest → lesen
er beißt → beißen

„ß“ kann NICHT stehen,
wenn im Wortstamm ein weiterer Konsonant folgt.

der Geist

„ss“ steht nur nach kurzem betontem Selbstlaut,
wenn kein anderer Mitlaut zu hören ist:

Wasser, messen, nass
aber: Gast, Maske, Wespe

„s“, „ß“ oder „ss“? Regelwiederholung
und Lückengeschichte

Name: ....

Datum: ....

Hinweis:
Zuerst muss die Länge oder Kürze des betonten Selbstlauts bestimmt werden.

Ist er lang, kann nur „s“ oder „ß“ stehen.
Zwischen zwei Selbstlauten ist der Unterschied hörbar: Wiese, Füße.
Am Wortende (Silbenende) muss verlängert werden: Maus - Mäuse, heiß - heißer.

Ist der Selbstlaut kurz, steht „ss“, wenn kein anderer Mitlaut danach zu hören ist: Wasser.
Aber es steht „s“, wenn noch ein anderer Mitlaut im Wortstamm folgt: Distel.

Setze ein: „s“, „ß“ oder „ss“?
Vergleiche mit der Geschichte: Welche Sätze sind falsch?

1. Die Maus Mara macht mit ihrem Freund Erich eine Reise. (stimmt)

2. Sie laufen durch eine Wiese und durch Gemüse. (stimmt)

3. Auf der Straße tun Mara die Füße weh. (stimmt)

4. Ihr ist heiß und sie kann nicht mehr. (stimmt)

5. Erich, der Esel, läuft zu langsam. (stimmt nicht)

6. Mara ist größer als Erich. (stimmt nicht)

7. Erich bittet Mara eine Pause zu machen. (stimmt nicht)

8. Sie trinken Wasser und essen süße Nüsse. (stimmt)

9. Erich verspeist auch Disteln. (stimmt)

10. Erich erzählt Witze und macht ständig Späße. (stimmt nicht)

11. Am Schluss nimmt Mara den Esel auf ihre Schultern. (stimmt nicht)

12. Sie trägt ihn dreißig Kilometer weit. (stimmt nicht)

Was Eltern brauchen, um ihr Kind selbst zu fördern

Schritt 1	Schritt 2	Schritt 3
Test & Diagnose der individuellen Rechtschreibfähigkeiten	**Auswertung** Erstellung des Leistungsprofils und eines maßgeschneiderten Förderplans	**Individuelle Fördermaterialien für zu Hause** abgestimmte Übungen, Spiele, Erklärungen

Schritt 1: Test und Diagnose

Hierzu richten Sie sich zunächst unter portal.lernserver.de Ihr persönliches Lernserver-Portal ein. Das Elternpaket enthält fünf altersgerechte Testbögen, aus denen Sie einfach den richtigen Test für Ihr Kind auswählen. Ein Beispiel: Teststufe 2/3 ist für Mitte Klasse 2 bis Mitte Klasse 3 geeignet. Den Test (ein Lückendiktat) führen Sie mit Ihrem Kind zu Hause durch.

Schritt 2: Auswertung und individuelle Förderung

Sie geben die Testergebnisse Ihres Kindes in Ihr Elternportal ein. Diese werden elektronisch an die Uni Münster übermittelt. Hierbei authentifizieren Sie sich über die Eingabe des Codes, der Ihrem Elternpaket beiliegt.
Nach der computergestützten und durch Förderexperten abgesicherten Auswertung wird ein individueller Förderplan erstellt. Wahlweise können Sie (gegen eine Gebühr) die Testergebnisse auch vom Team des Lernservers eingeben lassen. Dazu senden Sie uns den ausgefüllten Testbogen bitte per Post zu.

Schritt 3: Erstellung der passgenauen Fördermaterialien

Aus unseren mehr als 8.000 fröhlich illustrierten Arbeitsblättern werden punktgenau die Materialien ausgewählt, die Ihrem Kind einen optimalen Lernfortschritt ermöglichen. Die Übungen sorgen für Lernspaß und sind alle mit einem Lösungsblatt versehen. Zahlreiche wertvolle Anregungen helfen Eltern oder Förderkräften, dem Kind die bestmögliche Unterstützung zukommen zu lassen.

Förderung zu Hause
Wir stellen Ihnen Diagnoseergebnisse und Arbeitsunterlagen über das Internet in Form von PDF-Dokumenten zur Verfügung (Elternpaket Basis/Download). Auf Wunsch erhalten Sie diese in Form eines individuellen Förderbuchs (Elternpaket Premium). Die Materialien sind in didaktisch sinnvolle Portionen unterteilt und auf einen Förderzeitraum von ca. einem Jahr ausgelegt.

GUTSCHEIN

Gegen Vorlage dieses Gutscheins bekommen Sie

€ 5,00 RABATT auf Ihr Elternpaket!

Suchen Sie kompetente und nette Unterstützung für Ihr Kind? Wir helfen Ihnen gerne, in Ihrer Nähe geeignete Förderkräfte oder Lerntherapeuten zu finden! www.lernserver.de

Handbuch zur Rechtschreibförderung

Grundlagen und Förderpraxis – für Lehrer, Eltern, Förderkräfte und Lerntherapeuten

Kenntnisse AUFFRISCHEN, VERTIEFEN, NEU ERWERBEN

Handbuch zur Rechtschreibförderung

Was müssen Lehrer, Förderkräfte oder Eltern wissen, um die **Fehler der Kinder verstehen** zu können und ihnen Schritt für Schritt die Rechtschreibung durchschaubar zu machen? Wie können Kinder individuell und effektiv gefördert werden? Das Handbuch vermittelt einen **kompakten Überblick** über die zentralen Fragen von Diagnose und Förderung.

Unser Förderansatz folgt dem Ziel, Kinder an ihre eigene (oder, im Fall von Kindern mit Migrationshintergrund, neue) Sprache auf eine Weise heranzuführen, die es ihnen erlaubt, mit ihr so souverän umgehen zu können, als ob sie ihre ureigene Erfindung wäre. Das daraus entwickelte förderdiagnostische Modell lautet: **„Rechtschreibung erforschen, verstehen und üben“**.

Im **ersten Teil** des Handbuchs werden die einzelnen Bausteine und didaktischen Prinzipien der Lernserver-Rechtschreibförderung erläutert. Sie erhalten Hinweise und Anregungen für die Umsetzung schulischer und außerschulischer individueller Rechtschreibförderung.

Im **zweiten Teil** können Sie Ihre Kenntnisse zu den verschiedenen Regelbereichen auffrischen, vertiefen oder neu erwerben. Für sämtliche Förderbereiche gibt es praktische Hinweise und Anregungen zur konkreten Gestaltung der jeweiligen Förderstunden. Wortlisten, Vorschläge für Lernspiele und Ideen zum gemeinsamen Erforschen der Sprache runden das Werk ab.

Best.-Nr. 48209 **€ 19,80**

Für mehr Freude und Erfolg beim Lernen, Fördern und Unterrichten!